JENS SCHUMACHER

VERRÜCKTE LÜCKEN

AUSFÜLLEN – VORLESEN – ABLACHEN

TOTAL VERRÜCKTE KLASSENFAHRTGESCHICHTEN

Loewe

VERRÜCKTE LÜCKEN

ist ein durchgedrehtes, ganz und gar unsinniges Textspiel, das man allein oder mit Freunden spielen kann. Die Regeln sind kinderleicht.

SPIELREGELN

Zu Beginn füllst du die Seite WORTVORRAT (vor jeder **VERRÜCKTE LÜCKEN**-Geschichte) aus. Diese Liste sieht immer etwas anders aus.

In jede Zeile setzt du ein Wort der gesuchten Gattung ein.

WICHTIG: Du darfst dir die **VERRÜCKTE LÜCKEN**-Geschichte auf der folgenden Seite noch <u>NICHT</u> ansehen!

Zur Erinnerung:

Ein Verb (auch „Tuwort")

Meistens ist die Grundform gefordert, z. B. „rennen", „essen" oder „schwimmen".

Wird das Verb in einer bestimmten Person benötigt, musst du es anpassen, z. B. ER, SIE oder ES „rennt" oder „schwimmt".

TIPP: Verben, die eine konkrete Tätigkeit beschreiben, z. B. „rufen" oder „fliegen", funktionieren am besten. Verben wie „sein" oder „haben" oder zusammengesetzte Verben wie z. B. „anspringen" oder „zurückblicken" führen dazu, dass der Text sich später ein bisschen holprig liest.

Hihihi

Ein Nomen (auch „Hauptwort" oder „Namenwort")

bezeichnet **NAMEN, LEBEWESEN, DINGE** oder **EREIGNISSE** (z. B. „Haus" oder „Fisch").

- Damit die Wörter besser in den Text passen, ist manchmal vorgegeben, ob es **DER, DIE** oder **DAS** sein soll.

- Meistens ist die **EINZAHL** gefordert, manchmal auch die **MEHRZAHL** (z. B. „Häuser" oder „Fische").

Ein Adjektiv (auch „Wiewort")

beschreibt, **WIE** jemand oder etwas ist, z. B. „bunt" oder „dumm".

- Alle anderen Wörter erklären sich von selbst (z. B. Körperteil oder Farbe).

- Sollte ein **LAND** gefragt sein, wähle eines ohne Artikel, z. B. „Deutschland" oder „Indien". (Die Schweiz oder die Türkei scheiden leider aus.)

Hast du alle Felder ausgefüllt, sieht dein WORTVORRAT z. B. so aus:

Jetzt darfst du umblättern und beginnen, die VERRÜCKTE LÜCKEN-Geschichte zu lesen.

Schritt 2

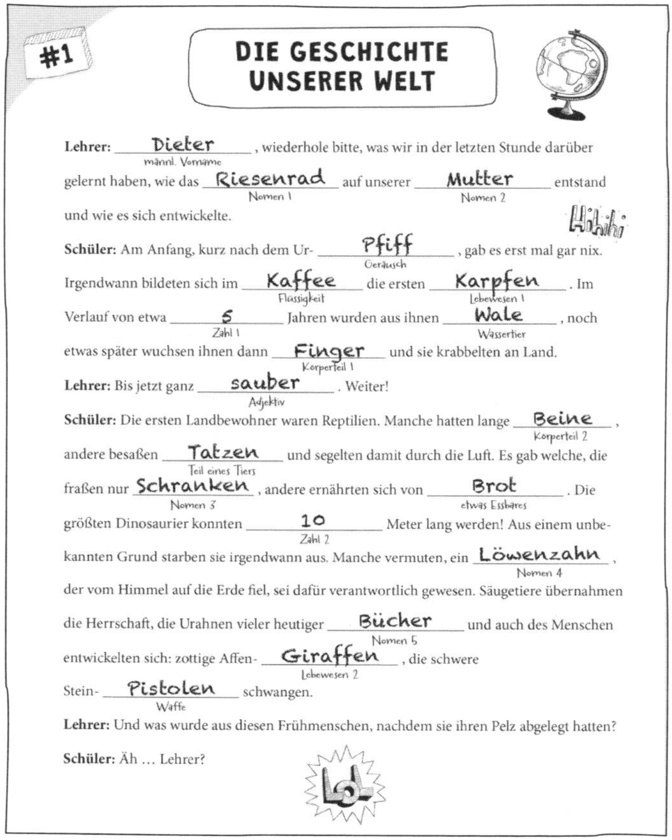

#1

DIE GESCHICHTE UNSERER WELT

Lehrer: Dieter (männl. Vorname), wiederhole bitte, was wir in der letzten Stunde darüber gelernt haben, wie das Riesenrad (Nomen 1) auf unserer Mutter (Nomen 2) entstand und wie es sich entwickelte.

Schüler: Am Anfang, kurz nach dem Ur- Pfiff (Geräusch), gab es erst mal gar nix. Irgendwann bildeten sich im Kaffee (Flüssigkeit) die ersten Karpfen (Lebewesen 1). Im Verlauf von etwa 5 (Zahl 1) Jahren wurden aus ihnen Wale (Wassertier), noch etwas später wuchsen ihnen dann Finger (Körperteil 1) und sie krabbelten an Land.

Lehrer: Bis jetzt ganz sauber (Adjektiv). Weiter!

Schüler: Die ersten Landbewohner waren Reptilien. Manche hatten lange Beine (Körperteil 2), andere besaßen Tatzen (Teil eines Tiers) und segelten damit durch die Luft. Es gab welche, die fraßen nur Schranken (Nomen 3), andere ernährten sich von Brot (etwas Essbares). Die größten Dinosaurier konnten 10 (Zahl 2) Meter lang werden! Aus einem unbekannten Grund starben sie irgendwann aus. Manche vermuten, ein Löwenzahn (Nomen 4), der vom Himmel auf die Erde fiel, sei dafür verantwortlich gewesen. Säugetiere übernahmen die Herrschaft, die Urahnen vieler heutiger Bücher (Nomen 5) und auch des Menschen entwickelten sich: zottige Affen- Giraffen (Lebewesen 2), die schwere Stein- Pistolen (Waffe) schwangen.

Lehrer: Und was wurde aus diesen Frühmenschen, nachdem sie ihren Pelz abgelegt hatten?

Schüler: Äh … Lehrer?

Stößt du auf eine Lücke, fügst du an der Stelle das geforderte Wort aus dem WORTVORRAT ein. So entsteht deine ganz persönliche, abgedrehte und in vielen Fällen total unsinnige VERRÜCKTE LÜCKEN-Geschichte.

Spielst du **VERRÜCKTE LÜCKEN** mit deinen Freunden, bitte jeden Mitspieler um ein Wort für den WORTVORRAT – so lange, bis die Liste voll ist.

Ein Mitspieler wird zum Vorleser ernannt, der eure **VERRÜCKTE LÜCKEN**-Geschichte vorliest, indem er die zusammengetragenen Wörter an den jeweiligen Stellen einsetzt.

Wichtig: Sollte es einmal vorkommen, dass ein Satz in einem ausgefüllten Lückentext ein bisschen holprig klingt, z. B. weil die Endung eines Nomens oder ein Verb nicht 100%ig in die Satzstruktur passen, kann es dafür zwei Gründe geben:

a) Du hast ein superungewöhnliches, total krankes Wort gewählt, das wir beim Ausdenken des Lückentexts unmöglich vorhersehen konnten.

b) Obwohl wir alles unternommen haben, sie ein bisschen zu zähmen, verhindert die knifflige deutsche Grammatik hier das reibungslose Funktionieren des Satzes.

So oder so, es ist nicht weiter schlimm. Wir sind hier nicht in der Schule und **VERRÜCKTE LÜCKEN** sollen vor allem eins:

SPAß MACHEN!

Und los geht's!

WORTVORRAT

#1

Vorname:		______________________
Nomen 1:	(die)	______________________
Verb 1:		______________________
Nachname eines Lehrers:		______________________
Fahrzeug:	(der)	______________________
Zahl 1 (größer 1):		______________________
Vorname eines Mitschülers:		______________________
Verb 2:		______________________
Adjektiv:		______________________
Nomen 2:	(der)	______________________
Nomen 3:	(der)	______________________
Geräusch (Mehrzahl):		______________________
Nomen 4:	(die)	______________________
Nomen 5:	(die)	______________________
Verb 3:		______________________
Tier (Mehrzahl):		______________________
Körperteil:	(der o. das)	______________________

Hihihi

#1

MEINE SCHÖNSTE KLASSENFAHRT

(Schulaufsatz von ____________________ (Vorname), 10 Jahre)

Endlich war es so weit: Die jährliche ____________________ (Nomen 1) stand an.

Es sollte zum ____________________ (Verb 1) in den Wald gehen. Die Idee kam von

Herrn ______________________________ (Nachname eines Lehrers), unserem Sportlehrer.

Früh morgens fuhr der ____________________ (Fahrzeug) vor der Schule ab. Die Fahrt dauerte

__________________ (Zahl 1) Stunden. ____________________________ (Vorname e. Mitschülers) wurde unterwegs schlecht.

Der Fahrer musste ihn rauslassen, damit er ____________________ (Verb 2) konnte.

Im Wald war es ____________________ (Adjektiv). Bald setzte heftiger ____________________ (Nomen 2) ein.

Es wurde so matschig, dass jeder ____________________ (Nomen 3) viel Kraft kostete.

Die ersten ____________________ (Geräusch) ertönten – kein Wunder, dank der Kälte

würden wir alle eine fette ____________________ (Nomen 4) kriegen.

Als wir endlich zurückfuhren, hatte der ________________________ (Fahrzeug, s. o.)

eine Reifen-____________________ (Nomen 5). Ein Pannenhelfer musste kommen

und uns ____________________ (Verb 3). Gegen Mitternacht waren wir daheim.

Wieso ich ausgerechnet diese ________________________ (Nomen 1, s. o.) für meinen Aufsatz

ausgewählt habe? Weil sie immer noch besser war als die im Schuljahr davor,

wo uns beim ______________________ (Verb 1, s. o.) eine Herde wilder __________________ (Tier) angegriffen

hat und ich mit einem gebrochenen ____________________ (Körperteil) zurückkam!

WORTVORRAT

#2

öffentl. Gebäude: (das) ____________________

Nachname eines Lehrers: ____________________

Adjektiv 1: ____________________

männl. Vorname 1: ____________________

Adjektiv 2: ____________________

weibl. Vorname: ____________________

Nomen 1: (der) ____________________

Verb 1: ____________________

männl. Vorname 2: ____________________

Verb 2: ____________________

Nomen 2: (der) ____________________

Nomen 3: (die) ____________________

Verb 3: ____________________

#2

THEATERBESUCH

Schüler 1: Tolle Idee, mit der Klasse ins __________ zu fahren,
öffentl. Gebäude

Herr __________ . Das Stück ist total __________ !
Nachname e. Lehrers — Adjektiv 1

Lehrer: Schön, dass es dir gefällt, __________ .
männl. Vorname 1

Aber jetzt sei bitte __________ .
Adjektiv 2

Schülerin 1: __________ schubst mich dauernd!
weibl. Vorname

Lehrer: __________ ! Hör sofort auf! Und jetzt Ruhe!
weibl. Vorname, s. o.

Schüler 2: Vor mir sitzt so ein großer __________ .
Nomen 1

Ich kann gar nicht richtig __________ !
Verb 1

Schüler 3: Hier stinkt's! __________ hat einen
männl. Vorname 2

__________ lassen!
Verb 2

Lehrer: *Ruhe*, hab ich gesagt!

Schülerin 2: Was hat die Tussi auf der Bühne denn für einen

komischen __________ an?
Nomen 2

Schülerin 3: Oh, ich hab eine WhatsApp-__________ bekommen …
Nomen 3

Lehrer: *(schreit)* WERDET IHR JETZT ENDLICH __________ SEIN,
Adjektiv 2, s. o.

VERDAMMT NOCH MAL?!

Schauspieler: *(genervt)* Könnten Sie bitte __________ sein da unten?
Adjektiv 2, s. o.

So können wir nicht __________ !
Verb 3

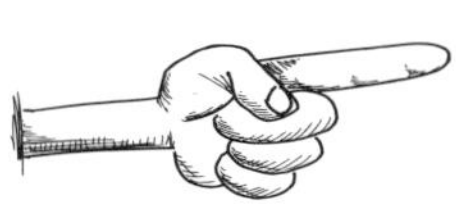

WORTVORRAT

#3

Nomen 1: (das) ________________

Land: ________________

Zahl 1 (größer 1): ________________

deine Klasse: ________________

Zahl 2 (größer 1): ________________

Adjektiv 1: ________________

Nomen 2: (die) ________________

Nomen 3: (die) ________________

Ort: (der) ________________

Name eines Mitschülers: ________________

Adjektiv 2: ________________

Nomen 4 (Mehrzahl): ________________

Nomen 5: (das) ________________

Teil des Körpers: (das) ________________

etwas zum Lesen (Mehrzahl): ________________

Verb: ________________

Fahrzeug: (der) ________________

Nomen 6: (die) ________________

#3

WO DIE LIEBE HINFÄLLT

Ein Schüleraustausch in ein fremdes ____________ ist eine spannende Sache,
Nomen 1

klar. Aber unser Ausflug nach ____________ war etwas ganz Besonderes.
Land

Für insgesamt ____________ Schüler aus der ____________ ging es
Zahl 1 — deine Klasse

____________ Wochen lang in die Ferne. Die Gastfamilien nahmen uns
Zahl 2

____________ auf und schnell stellte auch die fremde ____________ ,
Adjektiv 1 — Nomen 2

die einige nicht gut beherrschten, kein Problem mehr dar. Sogar in

der ____________ , die wir mit unseren Austauschpartnern besuchten,
Nomen 3

lief es gut.

Schneller als erwartet waren die ____________ Wochen um. Auf einem
Zahl 2, s. o.

____________ trafen sich alle zum Abschied. Dabei fiel mir auf, dass
Ort

____________ auffallend ____________ wirkte.
Name e. Mitschülers — Adjektiv 2

Dann sah ich, dass dicke ____________ über sein Gesicht rannen!
Nomen 4

Der Grund: ____________ hatte sich unsterblich in ein hiesiges
Name e. Mitschülers, s. o.

____________ verliebt. Die Aussicht, es für mindestens ein Jahr nicht wieder-
Nomen 5

zusehen, brach ihm das ____________ .
Teil d. Körpers

Wir redeten ihm gut zu, er könne seiner Liebsten doch ____________
etwas zum Lesen

schreiben und über Skype mit ihr ____________ . Das tröstete ihn ein wenig.
Verb

Als unser ____________ losfuhr, winkte er seiner großen ____________
Fahrzeug — Nomen 6

lange zu – auch, als sie schon nicht mehr zu sehen war.

WORTVORRAT

#4

weibl. Vorname: ______________________

Nomen 1: (die) ______________________

zwei beliebige Buchstaben: ______________________

Nomen 2: (der) ______________________

Nomen 3 (Mehrzahl): ______________________

Nomen 4: (das) ______________________

Verb 1: ______________________

Farbe 1: ______________________

Farbe 2: ______________________

Nomen 5 (Mehrzahl): ______________________

Zahl (größer 1): ______________________

erfundenes Wort: ______________________

Fluggerät (Mehrzahl): ______________________

Schulfach: ______________________

Verb 2: ______________________

Nomen 6: (der) ______________________

#4

AUSFLUG INS ÜBERMORGEN

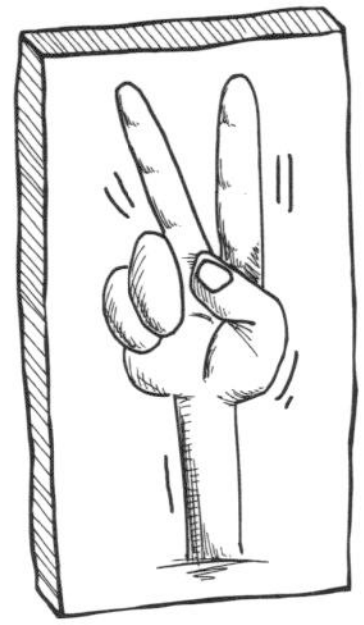

(aus dem Tagebuch von ____________________)
weibl. Vorname

Liebes Tagebuch,

heute war es endlich so weit: Auf dem Plan stand die ____________________ ,
Nomen 1

die unser Lehr-Roboter ________________________-9000 so lange angekündigt hatte.
zwei Buchstaben

Alle Kinder mussten sich unter einen großen ____________________ stellen,
Nomen 2

auf dem Hunderte ____________________ blinkten. Der Lehr-Roboter legte einen Hebel
Nomen 3

um und grelles ____________________ erfüllte den Raum. Als wir wieder etwas
Nomen 4

__________________ konnten, standen wir auf einer Ebene von strahlendem
Verb 1

__________________ , der Himmel über uns schillerte __________________ .
Farbe 1 / Farbe 2

Pulsierende ____________________ , groß wie Fußbälle, schwebten über dem Boden.
Nomen 5

„Dies ist die Dimension QXV-________________ “, erklärte unser Lehrer. „Diese Wesen
Zahl

dort nennt man ________________________ .“
erfundenes Wort

Plötzlich tauchten kleine ____________________ auf und griffen uns an! Aber
Fluggerät

mit unseren im ____________________-Unterricht gebastelten Laserpistolen konnten
Schulfach

wir sie rasch __________________ . Anschließend badeten wir noch in
Verb 2

einem ____________________ aus purem Licht. Irre!
Nomen 6

Als es schließlich wieder nach Hause ging, waren sich alle einig:

Das war die beste ______________________ aller Zeiten gewesen!
Nomen 1, s. o.

WORTVORRAT

#5

Nachname 1:		______
Nomen 1:	(die)	______
deine Klasse:		______
Nomen 2:	(der)	______
Verb 1:		______
Adjektiv 1:		______
Nomen 3:	(die)	______
Nomen 4 (Mehrzahl):		______
elektr. Gerät (Mehrzahl):		______
Nomen 5 (Mehrzahl):		______
Verb 2:		______
Verb 3:		______
Adjektiv 2:		______
Verb 4:		______
Nomen 6:	(der)	______
Nomen 7:	(das)	______
amtliches Dokument:	(der)	______

#5

EIN BUSFAHRER SIEHT ROT

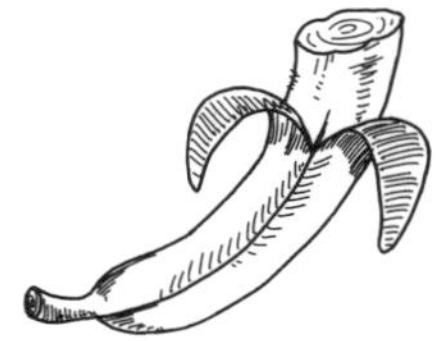

Polizist: Herr ____________________ ! Ist es schon einmal vorgekommen,
(Nachname)

dass wegen Ihnen eine ____________________ unplanmäßig beendet werden musste?
(Nomen 1)

Busfahrer: Nein. Noch nie.

Polizist: Dann erklären Sie mir doch bitte, was bei Ihrer Fahrt mit

der Klasse ____________________ schiefgelaufen ist!
(deine Klasse)

Busfahrer: Schon beim Einsteigen machten die Schüler

einen Höllen-____________________ . Kaum fuhren wir, fingen sie an
(Nomen 2)

zu ____________________ – laut und falsch. Es war ____________________ !
(Verb 1) (Adjektiv 1)

Ich machte eine Durchsage, dass sie die ____________________ halten sollten. Da spielten
(Nomen 3)

sie stattdessen grässliche ____________________ mit ihren ____________________ ab.
(Nomen 4) (elektr. Gerät)

Polizist: Und? Das tun meine ____________________ auch.
(Nomen 5)

Busfahrer: Ja? ____________________ die auch Abfall? Oder ____________________
(Verb 2) (Verb 3)

absichtlich neben das Busklo? *(Wird immer lauter)* Alle paar Minuten kam einer

zu mir nach vorn: „Mir ist ____________________ !“ – „Wie lange dauert’s noch?“ –
(Adjektiv 2)

„Ich muss ____________________ !“ Irgendwann hielt ich es nicht mehr aus …
(Verb 4)

Polizist: … und brüllten so laut ins Busmikro, dass 15 Schüler einen

____________________ bekamen und die Lehrerin vor Schreck das
(Nomen 6)

____________________ verlor. Ich fürchte, Ihren ____________________ sind Sie los!
(Nomen 7) (amtl. Dokument)

Hihihi

WORTVORRAT

Land: ____________________

Nomen 1: (das) ____________________

Verkehrsmittel: (das) ____________________

Nachname eines Lehrers: ____________________

Süßigkeit (Mehrzahl): ____________________

Nomen 2: (das) ____________________

Adjektiv: ____________________

Nomen 3 (Mehrzahl): ____________________

etwas zu essen (Mehrzahl): ____________________

ausländisches Gericht: ____________________

Nomen 4: (der) ____________________

Nomen 5 (Mehrzahl): ____________________

Farbe: ____________________

#6

EINE SEEFAHRT, DIE IST LUSTIG

Unsere diesjährige Klassenfahrt geht nach ____________ (Land). Um an unser Ziel zu gelangen, müssen wir das ____________ (Nomen 1) überqueren. Also fahren wir mit dem ____________ (Verkehrsmittel).

Unser Lehrer, Herr ____________ (Nachname eines Lehrers), hat alles gut vorbereitet. Damit auf der Überfahrt niemandem schlecht wird, hat er für alle Reise-____________ (Süßigkeit) besorgt.

Außerdem sollen wir unterwegs ausländisches ____________ (Nomen 2) meiden.

Am Tag der Reise läuft zunächst alles ____________ (Adjektiv).

Doch kaum haben wir das ____________ (Verkehrsmittel, s. o.) bestiegen, tauchen am Horizont dunkle ____________ (Nomen 3) auf. „Keine Sorge", sagt Herr ____________ (Nachname, s. o.) fröhlich. „Die ziehen vorbei!"

Während wir die belegten ____________ (etwas zu essen) essen, die unsere Eltern uns mitgegeben haben, bestellt sich Herr ____________ (Nachname, s. o.) in der Bordkantine eine Riesenportion ____________ (ausländ. Gericht). Da bricht draußen ein furchtbarer ____________ (Nomen 4) los! Haushohe ____________ (Nomen 5) werfen das ____________ (Verkehrsmittel, s. o.) hin und her – ein Riesenspaß!

Nur Herrn ____________ (Nachname, s. o.) scheint es nicht so gut zu gehen: Er lehnt über der Reling und ist auffällig ____________ (Farbe) im Gesicht. Komisch …

WORTVORRAT

#7

Zahl 1 (größer 1): ______________________

öffentliches Gebäude: (das) ______________________

Verb 1: ______________________

Zahl 2 (größer 1): ______________________

Zahl 3 (größer 1): ______________________

Zahl 4 (größer 1): ______________________

Verb 2: ______________________

Waffe 1: ______________________

Waffe 2: ______________________

Nomen 1 (Mehrzahl): ______________________

Nomen 2 (Mehrzahl): ______________________

Verb 3: ______________________

Verb 4: ______________________

Verb 5: ______________________

elektrisches Gerät: ______________________

Adjektiv: ______________________

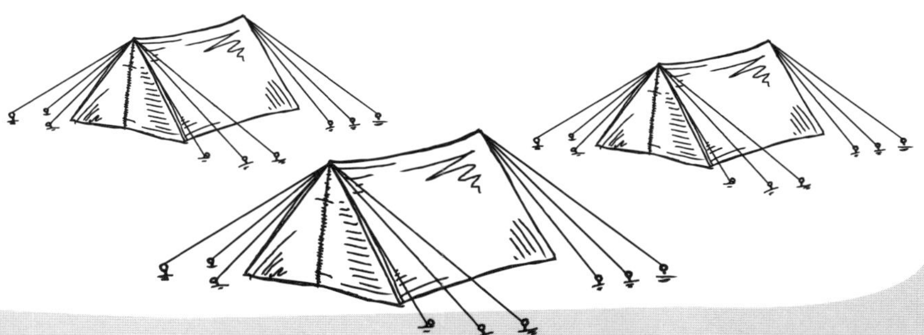

#7

AUSFLUG IN GEHEIMER MISSION

Auch künftige Geheimagenten gehen zur Schule. Und auch dort heißt es

________ (Zahl 1) Mal im Jahr: Auf zur Klassenfahrt! Klar, dass Junior-Spione

dann nicht ins ________ (öffentl. Gebäude) gehen oder zum ________ (Verb 1)

in den Wald. Sie besuchen ein internationales Trainingscamp. Der Tagesablauf dort

ist genau durchgeplant:

- – 7:30 Uhr: Aufstehen & Morgengymnastik

  (________ (Zahl 2) Liegestützen, ________ (Zahl 3) Kniebeugen,

  ________ (Zahl 4) Minuten ________ (Verb 2) .)

- – 8:00 Uhr: Frühstück
- – 8:30 Uhr: Unterweisung im Umgang mit ________ (Waffe 1) und ________ (Waffe 2)
- – 10:00 Uhr: Praktische ________ (Nomen 1) auf dem Schießplatz
- – 12:00 Uhr: Mittagessen
- – 13:00 Uhr: Lektion „Geheim-________ (Nomen 2) und Code-________ (Verb 3) “
- – 15:00 Uhr: Training im ________ (Verb 4) an der Kletterwand
- – 16:30 Uhr: Lektion im ________ (Verb 5) von Bomben und Zeitzündern
- – 18:00 Uhr: Abendessen
- – 22:00 Uhr: Nachtwanderung mit Infrarot-________ (elektr. Gerät)

Klingt voll ________ (Adjektiv) ? Dann solltest du dieses Ausflugsziel

vielleicht mal deinen Lehrern vorschlagen!

WORTVORRAT

#8

Vorname eines Mitschülers: ______________________

Nomen 1: (die) ______________________

öffentliches Gebäude: (das) ______________________

Nachname eines Lehrers: ______________________

Adjektiv: ______________________

Nomen 2: (die) ______________________

Nomen 3: (die) ______________________

Nomen 4: (das) ______________________

Nomen 5: (die) ______________________

Fremdwort (Nomen): (der o. das) ______________________

Währung: (der) ______________________

Nachname: ______________________

#8

NACHTS ALLEIN IM MUSEUM

Junge 1: *(kichert)* Super Idee, ______________________________ ,
Vorname e. Mitschülers

uns am Ende der Führung in einer Abstell-____________________ zu verstecken,
Nomen 1

bis das _________________________ geschlossen wird!
öffentl. Gebäude

Junge 2: Ein Glück, dass Herr ____________________________ nie durchzählt. Komm!
Nachname e. Lehrers

(Die Tür der Abstell-________________________ quietscht)
Nomen 1, s. o.

Junge 1: Hui … ganz schön ___________________ hier!
Adjektiv

Junge 2: Kein Problem. Ich hab eine ____________________ dabei. *(Schaltet das Licht ein)*
Nomen 2

Junge 1: AAAHHH! Da steht einer!

Junge 2: Erschreck mich nicht so! Das ist doch bloß eine Ritter-____________________ .
Nomen 3

Junge 1: Ach so. Klar. Ich dachte … AAAHHH! Was ist das?

Junge 2: Ein Dinosaurier-____________________ . Kein Grund zur Panik.
Nomen 4

Junge 1: Ich dachte nur … AAAHHH! Da!

Junge 2: *(seufzt)* Eine ägyptische ____________________
Nomen 5

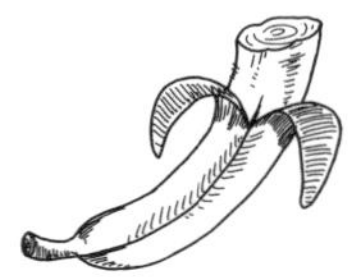

in einem ____________________ .
Fremdwort

Junge 1: Puh! Und das da? Ist das ein Neander-____________________ oder so?
Währung

Nachtwächter: Nicht ganz, mein Junge! Mein Name ist _____________________ .
Nachname

Ich arbeite hier.

Junge 1 & Junge 2: AAAHHH!!!

WORTVORRAT

#9

Ort: (der) ____________

deine Klasse: ____________

Nomen 1: (die) ____________

etwas Ekliges: ____________

Tier (Mehrzahl): ____________

Gebäude: (der) ____________

Verb 1: ____________

Pflanze (Mehrzahl): ____________

Planet: (der) ____________

Nomen 2 (Mehrzahl): ____________

Nomen 3 (Mehrzahl): ____________

Verb 2: ____________

Zeiteinheit: (die) ____________

Beruf: (der) ____________

Uhrzeit: ____________

Nomen 4: (das) ____________

Verb 3: ____________

VERRÜCKT!

#9

DIE GUTE LANDLUFT

Lehrer: Willkommen auf dem ______________ , liebe ____________________ !
Ort deine Klasse

Genießt die gute Landluft und die unberührte ________________ ringsum …
Nomen 1

Schüler 1: *(flüstert)* Also, ich finde, hier riecht's eher nach ____________________ !
etwas Ekliges

Schülerin: Das sind die ______________ dahinten im ________________ .
Tier Gebäude

Die ________________ .
Verb 1

Schüler 2: Und von wegen „unberührte ____________________ “:
Nomen 1, s. o.

Ödes Gras und ________________ , wohin man schaut. Da hätten wir
Pflanze

unsere Klassenfahrt genauso gut auf den ________________ machen können.
Planet

Bauer: Hallo, ________________ ! Schön, dass ihr da seid.
Nomen 2

Sobald ihr eure ________________ auf die Zimmer gebracht habt,
Nomen 3

geht es in den ____________________ zum ________________ .
Gebäude, s. o. Verb 2

Schüler 2: *(ungläubig)* Wir sollen hier ________________ ?
Verb 2, s. o.

Lehrer: Dies ist ein Aktions-________________ . Eine ________________ lang
Ort, s. o. Zeiteinheit

werden wir alles tun, was ein echter ______________ tut – von ______________ Uhr
Beruf Uhrzeit

in der Früh bis in den späten Abend.

Bauer: Zur Belohnung gibt es zu jeder Mahlzeit selbst angebautes,

garantiert unbehandeltes Bio-________________ !
Nomen 4

Schülerin: Haltet mich fest! Ich glaub, ich muss ________________ …
Verb 3

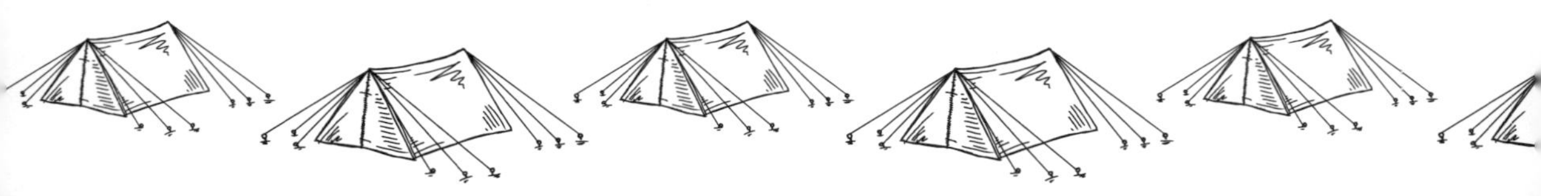

WORTVORRAT

#10

Vornome einer Mitschülerin: ____________

Nomen 1: (das) ____________

Eigenschaft: ____________

Nomen 2: (der) ____________

Fremdwort (Nomen): ____________

etwas zu essen: (das) ____________

Verb: ____________

Wochentag: ____________

Uhrzeit: ____________

Nachname: ____________

Nutztier: (der o. das) ____________

Kleidungsstück: (der) ____________

Material: ____________

Tier (Mehrzahl): ____________

Organ (Mehrzahl): ____________

Gericht (Mehrzahl): ____________

JUHU!

#10

DAS PRAKTIKUM

Natürlich hatte ______________________ gewusst, dass alle Schüler am Ende des
Vorname e. Mitschülerin

Schuljahrs ein __________________ machen sollten. Aus __________________ hatte
Nomen 1 Eigenschaft

sie sich jedoch nicht darum gekümmert. Als es ihr kurz vor den Ferien wieder einfiel, war

nur noch ein __________________ frei: in einer Fleischerei. Eigentlich kein Problem –
Nomen 2

nur war ______________________ dummerweise __________________ .
Vorname e. Mitschülerin, s. o. Fremdwort

Das bedeutet, sie aß kein ____________________ . „Pech gehabt“, sagte ihre Lehrerin.
etwas zu essen

„Du hättest ja früher ______________ können.“
Verb

So stand sie am ersten __________________ in den Ferien pünktlich um
Wochentag

________________ Uhr vor der Tür des Metzgerbetriebs __________________ .
Uhrzeit Nachname

Herr ____________________ , ein dicker, rosiger Mann, der selbst ein wenig aussah
Nachname, s. o.

wie ein ________________ , gab ihr einen ____________________
Nutztier Kleidungsstück

aus ________________ zum Überziehen, dann ging es los:
Material

________________________ zerrte halbierte ______________
Vorname e. Mitschülerin, s. o. Tier

durch die Gegend, häckselte Hack-____________________ , füllte Mett
etwas zu essen, s. o.

in ________________ , räucherte ________________ und vieles mehr.
Organ Gericht

Als ihre Lehrerin sie nach den Ferien fragte, ob sie bei ihrem Praktikum etwas gelernt

habe, antwortete ________________________ : „Allerdings: Nächstes Mal
Vorname e. Mitschülerin, s. o.

kümmere ich mich früher um einen ____________________ !“
Nomen 2, s. o.

WORTVORRAT

#11

Nachname eines Lehrers: ______________________

Land: ______________________

Körperteil 1 (Mehrzahl): ______________________

Kleidungsstück 1 (Mehrzahl): ______________________

Verb: ______________________

Adjektiv: ______________________

Nomen 1 (Mehrzahl): ______________________

Sinnesorgan: (das) ______________________

Nomen 2 (Mehrzahl): ______________________

Waffe (Mehrzahl): ______________________

Fremdsprache: ______________________

Geräusch: (der) ______________________

Körperteil 2 (Mehrzahl): ______________________

Kleidungsstück 2: (der) ______________________

Kampfsportart: ______________________

#11

HERR ____________________ (NACHNAME E. LEHRERS) IST DER GRÖSSTE!

Als wir hörten, wer unsere Klasse auf der Klassenfahrt nach ______________ (Land) begleiten würde, machten wir lange ________________ (Körperteil 1) : *ausgerechnet* Mathelehrer ____________________ (Nachname e. Lehrers, s. o.) ! Halbglatze, Liebhaber gestrickter Woll-__________________ (Kleidungsstück 1) und der einzige Lehrer der Schule, den noch nie jemand ______________ (Verb) gesehen hatte.

Die Busfahrt war dann auch direkt ober-______________ (Adjektiv) .

Herr __________________ (Nachname e. Lehrers, s. o.) hatte „total spannende Mathe-________________ (Nomen 1)“ mitgebracht, die er uns ungefragt aufs ________________ (Sinnesorgan) drückte. Als wir endlich in der Jugendherberge ankamen, teilte er spontan die ________________ (Nomen 2) zu – ein heilloses Chaos! Am Abend machten wir einen Spaziergang. Da passierte es:

Vier Vermummte sprangen auf die Straße, ______________ (Waffe) in den Händen! In rauem __________________ (Fremdsprache) gaben sie zu verstehen, dass sie unser Geld wollten.

Im selben Moment stieß Herr ________________________ (Nachname e. Lehrers, s. o.) einen schrillen ________________ (Geräusch) aus. Für Sekunden waren nur noch Fäuste und ________________ (Körperteil 2) zu erkennen, dann lagen die Gauner bewusstlos am Boden.

Unser Lehrer grinste und sagte: „Hab ich euch nie erzählt, dass ich den schwarzen ____________________ (Kleidungsstück 2) in __________________ (Kampfsportart) besitze?“

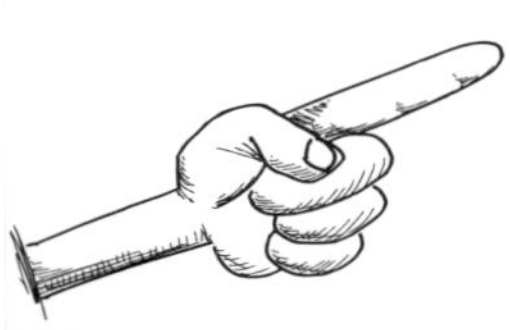

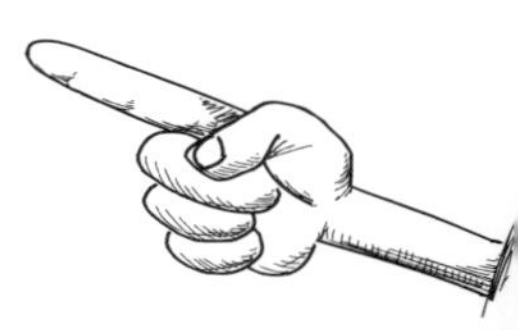

WORTVORRAT

#12

Nomen 1:	(die)	______________
Ort:	(der)	______________
Adjektiv:		______________
Verb 1:		______________
elektrisches Gerät (Mehrzahl):		______________
Körperteil (Mehrzahl):		______________
Nomen 2:	(das)	______________
Ausruf:		______________
Verb 2:	(er/sie/es)	______________
Geräusch 1:	(das)	______________
Vogel:	(der)	______________
Geräusch 2:	(das)	______________
Tier:	(der)	______________
Gefühl:		______________
Zahl (größer 1):		______________
Nomen 3:	(der)	______________
Nomen 4:	(die)	______________

#12

NACHTS SIND ALLE SCHÜLER GRAU

Schülerin 1: Wow, meine erste Nacht-__________ (Nomen 1) – und dann gleich in den finsteren __________ (Ort)! __________ (Adjektiv)!

Lehrer: Nicht __________ (Verb 1) dahinten! Schließt bitte auf! Und richtet die __________ (elektr. Gerät) vor eure __________ (Körperteil), nicht irgendwo ins Buschwerk. Sonst überseht ihr im Dunkeln noch ein __________ (Nomen 2) und …

Schüler 1: __________ (Ausruf) – ich bin gestolpert! Verflixt, mein Knie __________ (Verb 2)!

Lehrer: *(seufzt)* Was hab ich gerade gesagt?

Schülerin 2: Was war das für ein unheimliches __________ (Geräusch 1)?

Schüler 2: Hä? Ich hab nichts gehört.

Lehrer: Bestimmt bloß ein __________ (Vogel). Das sind Nachtvögel, müsst ihr wissen …

Schülerin 2: Da war es wieder! Es klang eher wie ein __________ (Geräusch 2)!

Schülerin 1: Vielleicht ein wilder __________ (Tier)? Ich kriege __________ (Gefühl)!

Lehrer: Unsinn! Der letzte __________ (Tier, s. o.) wurde hier vor über __________ (Zahl) Jahren erlegt. Oh, Vorsicht! Da ist ein steiler __________ (Nomen 3) direkt neben dem Pfad …

Schüler 1: *(schwenkt seine __________ (Nomen 4))* Wo? Ich sehe ni… AAAHHH!!!

WORTVORRAT

#13

Zahl 1 (größer 1):		______________
Nomen 1:	(die)	______________
Farbe:		______________
Adjektiv 1:		______________
Nomen 2:	(der)	______________
Fahrzeug:	(die)	______________
Nomen 3:	(das)	______________
Bauwerk:	(der o. das)	______________
Zahl 2 (größer 1):		______________
Adjektiv 2:		______________
Körperteil:	(der)	______________
Zahl 3 (größer 1):		______________
Adjektiv 3:		______________
Möbelstück:	(das)	______________
Nomen 4 (Mehrzahl):		______________
Geräusch:		______________
Nomen 5:	(der)	______________

VERRÜCKT!

#13

EIN ETWAS ANDERER SCHÜLERAUSTAUSCH

Als ich nach einer ____________ (Zahl 1) -stündigen Bahnfahrt endlich in Transsilvanien ankam, war es später Abend. Meine Austausch-____________ (Nomen 1) erwartete mich am Bahnsteig: ein Mann, eine Frau und ein Junge, alle in ____________ (Farbe) gekleidet und auffallend ____________ (Adjektiv 1). Der Mann trug meinen ____________ (Nomen 2) zu einer altmodischen ____________ (Fahrzeug). Über holprige Straßen ging es dann zum ____________ (Nomen 3) meiner Gastfamilie. Es war ein ____________ (Bauwerk), riesengroß und mindestens ____________ (Zahl 2) Jahre alt. Während der Fahrt fiel mir auf, dass die Familie mich auffällig anstarrte, irgendwie ____________ (Adjektiv 2). Genauer gesagt starrten sie nicht mich an, sondern meinen ____________ (Körperteil) …

Mein Zimmer befand sich in einem Turm, ____________ (Zahl 3) Stockwerke über dem Boden. Ich war ____________ (Adjektiv 3) von der Fahrt und ging bald ins ____________ (Möbelstück).

Spät in der Nacht wachte ich auf – und erschrak: Rings um mein ____________ (Möbelstück, s. o.) stand meine Gastfamilie! Gierig beugten sie sich über mich, in ihren Mündern blitzten lange, spitze ____________ (Nomen 4) auf …

Mit einem ____________ (Geräusch) erwachte ich noch einmal, diesmal in meinem eigenen ____________ (Möbelstück, s. o.). Was für ein Glück – alles war nur ein grässlicher ____________ (Nomen 5) gewesen!

WORTVORRAT

#14

Nachname eine Lehrers: ______________________

Nomen 1 (Mehrzahl): ______________________

Nomen 2 (Mehrzahl): ______________________

Nomen 3: (die) ______________________

Verb: ______________________

Zahl 1 (größer 1): ______________________

Nomen 4: (das) ______________________

Zahl 2 (größer 1): ______________________

Nomen 5 (Mehrzahl): ______________________

Nomen 6: (der) ______________________

Krankheit: ______________________

Nomen 7 (Mehrzahl): ______________________

elektrisches Gerät: (das) ______________________

#14

DER RUF DER WILDNIS

Die Idee von Lehrer ____________________ klang cool:
(Nachname e. Lehrers)

ein Ausflug in den Wald – wandern, ________________
(Nomen 1)

und ________________ in ihrer natürlichen Umgebung studieren,
(Nomen 2)

sich von dem ernähren, was die unberührte ________________ zu bieten hat.
(Nomen 3)

Mit dem Bus ging es in die Wildnis, dann war erst mal ______________
(Verb)

angesagt: ______________ Stunden durchs Unterholz. Schließlich erreichten wir
(Zahl 1)

die Stelle, die Herr _________________________ als Zeltplatz ausgewählt hatte.
(Nachname e. Lehrers, s. o.)

Dort fingen die Probleme an: Keiner von uns hatte schon einmal ein

________________ aufgebaut. Am Ende musste Herr ____________________
(Nomen 4) (Nachname e. Lehrers, s. o.)

alle selbst aufstellen – _______________ Stück!
(Zahl 2)

In der Nacht drangen immer wieder unheimliche ________________ aus
(Nomen 5)

dem Wald. Herr _________________________ musste ständig aufstehen und
(Nachname e. Lehrers, s. o.)

Schüler beruhigen. Dann setzte auch noch heftiger ________________ ein.
(Nomen 6)

Rasch stand ein ____________________ nach dem anderen unter Wasser.
(Nomen 4, s. o.)

Am Morgen hatten alle ________________ . Zum Frühstück sollten wir Wurzeln
(Krankheit)

und ________________ sammeln. Aber wir fanden keine. Schließlich gab
(Nomen 7)

Herr _________________________ genervt auf. Mit dem __________________
(Nachname e. Lehrers, s. o.) (elektr. Gerät)

rief er den Busfahrer an, uns wieder abzuholen.

WORTVORRAT

#15

Adjektiv 1:		______
Nachname einer Lehrerin:		______
Nomen 1:	(das)	______
Name eines Mitschülers:		______
Nomen 2:	(die)	______
Stadt:		______
fremdsprachliches Nomen:		______
elektrisches Gerät:	(das)	______
Verb:		______
Adjektiv 2:		______
Zeiteinheit (Mehrzahl):		______
Nomen 3 (Mehrzahl):		______
Sinnesorgan (Mehrzahl):		______
Adjektiv 3:		______
Kleidungsstück:	(die)	______

#15

NÄCHTLICHE RUHESTÖRUNG

Es war der dritte Tag der Klassenfahrt und wir waren mehr als ____________ *Adjektiv 1* :

Obwohl Frau ____________ *Nachname e. Lehrerin* uns versprochen hatte, der Trip würde „ein unvergessliches ____________ *Nomen 1* “ werden, langweilten wir uns wahnsinnig. Abends hatte ____________ *Name e. Mitschülers* die rettende Idee: „Im Keller der Herberge gibt es eine fette Musik-____________ *Nomen 2* “, berichtete er. „Dort haben die Schüler aus ____________ *Stadt* gestern eine ____________ *fremdsprachl. Nomen* veranstaltet.“ Schnell stand fest: Das würden wir auch machen!

Nachdem Frau ____________ *Nachname e. Lehrerin, s. o.* ihre letzte Runde gedreht hatte, schlichen wir uns leise hinunter. ____________ *Name e. Mitschülers, s. o.* koppelte sein ____________ *elektr. Gerät* mit der ____________ *Nomen 2, s. o.* , und los ging es: BUMM-BUMM-BUMM-BUMM! Sofort waren alle am ____________ *Verb* , die Stimmung war ____________ *Adjektiv 2* .

Ein paar ____________ *Zeiteinheit* später standen plötzlich mehrere fremde ____________ *Nomen 3* in der Tür. Sie hatten ganz kleine ____________ *Sinnesorgan* und waren aus irgendeinem Grund total ____________ *Adjektiv 3* .

Dann erschien der Hausmeister, eine Schlaf-____________ *Kleidungsstück* auf dem Kopf, und beschlagnahmte das ____________ *elektr. Gerät, s. o.* . Damit war unsere ____________ *fremdsprachl. Nomen, s. o.* leider zu Ende.

WORTVORRAT

#16

weibl. Vorname:		______
Bauwerk:	(die)	______
Adjektiv 1:		______
Nomen 1 (Mehrzahl):		______
Adjektiv 2:		______
Verb 1:		______
Teil des Körpers (Mehrzahl):		______
Tier (Mehrzahl):		______
Insekt (Mehrzahl):		______
Nomen 2:	(der)	______
Gemüse:		______
Flüssigkeit:		______
Getränk:	(der)	______
Nachname eines Lehrers:		______
Verb 2:		______
öffentliches Gebäude:	(das)	______
Nomen 3:	(die)	______
Nomen 4:	(die)	______
weibl. Spitzname:		______

#16

SPRACHNACHRICHT AUS DER JUGENDHERBERGE

Hey ______________________ , ich bin's – wie versprochen mit einem kurzen
weibl. Vorname

Lebenszeichen von unserer Klassenfahrt. Unsere Jugendherberge ist in einer uralten

__________________ untergebracht. Das klingt vielleicht romantisch,
Bauwerk

ist aber echt total __________________ : Die __________________ sind so riesig,
Adjektiv 1 | Nomen 1

dass die Heizung sie nicht richtig __________________ bekommt.
Adjektiv 2

Letzte Nacht konnte ich kaum ________________ ,
Verb 1

weil meine ______________________ so laut geklappert haben!
Teil d. Körpers

Im Keller tummeln sich die ________________ , in der Küche die ________________ .
Tier | Insekt

Apropos Küche: Das Essen ist unterirdisch! Gestern gab's gekochten __________________
Nomen 2

mit __________________ , dazu wahlweise Leitungs-__________________
Gemüse | Flüssigkeit

oder lauwarmen Kamillen-__________________ . Würg!
Getränk

Das Programm, das Herr ______________________ sich für uns ausgedacht hat,
Nachname e. Lehrers

lässt auch zu wünschen übrig: stundenlang ________________ ,
Verb 2

ein ______________________ nach dem anderen besuchen und
öffentl. Gebäude

zu guter Letzt eine total lahme Schnitzel-__________________ …
Nomen 3

Ich hab mich echt schon besser amüsiert. Hoffentlich hast du zu Hause eine bessere

___________________ !
Nomen 4

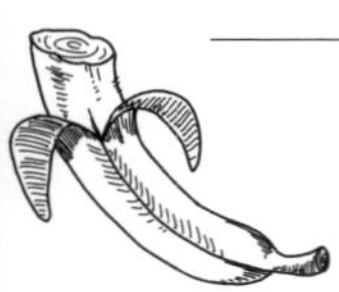

Bis bald, deine ______________________
weibl. Spitzname

WORTVORRAT

#17

männl. Vorname:		______
Fahrzeug:	(der o. das)	______
Stadt:		______
öffentliches Gebäude:	(die)	______
Nachname eines Lehrers:		______
Nomen 1:	(das)	______
Möbel (Mehrzahl):		______
Nomen 2 (Mehrzahl):		______
Nomen 3:	(der)	______
Nomen 4:	(die)	______
etwas zum Anziehen:	(das)	______
Adjektiv 1:		______
Adjektiv 2:		______
Fremdsprache:		______
Nomen 5 (Mehrzahl):		______
Waffe:	(das)	______
Zeiteinheit:	(die)	______
Nomen 6:	(das)	______

#17

IN DER OPER

(Schulaufsatz von __________________ , 11 Jahre)
männl. Vorname

Mit dem __________________ fuhren wir letzte Woche nach __________________ .
Fahrzeug — Stadt

Dort gibt es eine __________________ . Herr __________________ ,
öffentl. Gebäude — Nachname e. Lehrers

unser Musiklehrer, meinte, jeder sollte mal in einer gewesen sein.

Drinnen sah es aus wie in einem __________________ : Zum Sitzen gab es Aberhunder-
Nomen 1

te gepolsterter Klapp-__________________ , hoch an den Wänden __________________
Möbel — Nomen 2

für weitere Besucher. Irgendwann ging es los: Ein __________________ öffnete sich.
Nomen 3

Auf der Bühne erschien eine dicke __________________ in einem
Nomen 4

ulkigen __________________ und begann zu singen. Sie sang __________________
etwas zum Anziehen — Adjektiv 1

und __________________ in einer komischen Sprache, möglicher-
Adjektiv 2

weise __________________ . Nach und nach kamen weitere __________________
Fremdsprache — Nomen 5

auf die Bühne. Sie sangen auch und manchmal schwang einer ein __________________ .
Waffe

Hin und wieder ging der __________________ zu. Wenn er sich wieder öffnete,
Nomen 3, s. o.

sah die Bühne anders aus, aber gesungen wurde immer noch.

So ging es __________________ um __________________ .
Zeiteinheit — Zeiteinheit

Wir langweilten uns. Schließlich wurde es doch noch ganz nett: In der Pause durften wir

ins __________________ und jeder bekam eine Limo. Lachend machten wir die
Nomen 6

dicke __________________ nach. Leider ging das Stück danach noch über
Nomen 4, s. o.

eine __________________ weiter!
Zeiteinheit, s. o.

hahaha

WORTVORRAT

#18

Tier (Mehrzahl):		______________________
Land:		______________________
Ort:	(der)	______________________
Nachname einer Lehrerin:		______________________
Verb 1:		______________________
Vorname eines Mitschülers:		______________________
Nomen 1:	(das)	______________________
Verb 2:		______________________
Nomen 2:	(der)	______________________
wildes Tier:	(der)	______________________
Schimpfwort:	(der)	______________________
Verb 3:	(er/sie/es)	______________________

#18

TIERISCHES CHAOS

Lehrerin: Und dies, liebe Schüler, sind ________________ [Tier]. Sie leben im fernen ________________ [Land], wo sie friedlich über das Land ziehen und …

Junge 1: Oh Mann! Wer ist auf die dämliche Idee gekommen, ausgerechnet in den ________________ [Ort] zu fahren?

Mädchen 1: Na, wer wohl? Frau ________________ [Nachname e. Lehrerin] natürlich.

Junge 1: Ich schlafe gleich ein! Wenn nur mal was Spannendes ________________ [Verb 1] würde …

Mädchen 2: Wo steckt denn ________________ [Vorname e. Mitschülers]?

Lehrerin: Was? Ist der etwa schon wieder weg?

Ständig muss dieses schreckliche ________________ [Nomen 1] ________________ [Verb 2]!

Junge 2: *(kommt keuchend angerannt)* Da bin ich!

Lehrerin: Wo warst du, ________________ [Vorname e. Mitschülers, s. o.]?

Junge 2: Ich? Äh … da hinten. Da war so ein Hebel an einem ________________ [Nomen 2] …

Lehrerin: Du hast hoffentlich nichts angefasst?

Mädchen 2: *(kreischt)* Da! Ein ________________ [wildes Tier]! Mitten auf dem Weg!

Wärter: Welcher ________________ [Schimpfwort] hat den ________________ [Nomen 2, s. o.] geöffnet?

(Der ________________ [wildes Tier, s. o.] brüllt)

Wärter: Er ________________ [Verb 3]! Bringt euch in Sicherheit!

Mädchen 1: *(keuchend)* Ist dir *das* jetzt spannend genug?

WORTVORRAT

#19

weibl. Vorname:	______
Adjektiv 1:	______
Kleidungsstück (Mehrzahl):	______
Nomen 1 (Mehrzahl):	______
Nachname einer Lehrerin:	______
Nomen 2 (Mehrzahl):	______
Nomen 3 (Mehrzahl):	______
Möbelstück:	______
Adjektiv 2:	______
Zahl (größer 1):	______
Sportgerät (Mehrzahl):	______
Ausruf:	______
Beruf:	(der) ______
Körperteil:	(der) ______
Heißgetränk:	______
Süßspeise:	______
Nomen 4:	(das) ______

#19

DER BERG RUFT

__________ (weibl. Vorname) ist total __________ (Adjektiv 1) – übermorgen geht es mit der Klasse in die Skifreizeit! Es gibt viel zu erledigen:

Die Eltern müssen Skier und Ski-__________ (Kleidungsstück) leihen, warme __________ (Nomen 1) müssen her und, und, und …

Endlich ist es so weit. Während der Anreise erklärt Sportlehrerin Frau __________ (Nachname einer Lehrerin) den Schülern die __________ (Nomen 2) des Skifahrens: Langlauf ist die langsamste, Abfahrt die schnellste. Beim Slalom muss man zwischen bunten __________ (Nomen 3) hindurchfahren.

Vor Ort gehen die Schüler sofort auf die Piste. Von einem __________ (Möbelstück)-Lift lassen sie sich bergauf ziehen. Für den Anfang wählt Frau __________ (Nachname einer Lehrerin, s. o.) eine Strecke, die besonders __________ (Adjektiv 2) ist. Schon saust __________ (weibl. Vorname, s. o.) los … Doch was ist das?

Nach nur __________ (Zahl) Metern verkanten sich ihre __________ (Sportgerät), sie segelt durch die Luft und landet in einer Schneewehe. __________ (Ausruf), das tut weh!

Ein __________ (Beruf) kommt und stellt fest, dass sie sich den __________ (Körperteil) gebrochen hat. Den Rest der Skifreizeit muss sie auf der Terrasse der Jugendherberge verbringen – mit __________ (Heißgetränk), __________ (Süßspeise) und einem spannenden __________ (Nomen 4) aus der Hotelbücherei. Eigentlich gar nicht so übel …

WORTVORRAT

#20

deine Klasse: ______________________

Nomen 1: ______________________

Vorname eines Mitschülers: ______________________

Nachname eines Mitschülers: ______________________

Beruf (Mehrzahl): ______________________

Zahl (zw. 0 und 24): ______________________

Wochentag 1: ______________________

Wochentag 2: ______________________

Nomen 2: (der) ______________________

Nomen 3: (die) ______________________

ausländ. Nachname: ______________________

Nomen 4: (der) ______________________

Nomen 5: (das) ______________________

Werkzeug: (der o. das) ______________________

Nachname einer Lehrerin: ______________________

#20

DER HERBERGSSPUK

!?

(Eintrag ins Klassenbuch der ______________________)
deine Klasse

Einen Verweis für sein Benehmen während der Klassenfahrt zur

Burg ____________________-Stein erhält __________________________
Nomen 1 Vorname e. Mitschülers

___________________________ . Der Schüler missachtete die Aufforderung
Nachname e. Mitschülers

der __________________ , laut der die Herbergszimmer nach _________________ Uhr
Beruf Zahl

nicht mehr verlassen werden sollten. In der Nacht von ______________________
Wochentag 1

auf _______________________ schlich er sich aus dem Zimmer, um den Mädchen
Wochentag 2

seiner Klasse einen nächtlichen ____________________ abzustatten.
Nomen 2

Im Dunkeln stürzte er die Turm-_____________________ hinunter. Erwin
Nomen 3

___________________________ , der Hausmeister, hörte den Lärm. In der Annahme,
ausländ. Nachname

ein ____________________ sei ins Haus eingedrungen, verständigte er die Polizei.
Nomen 4

_________________________________ schlich inzwischen weiter durchs
Vorname e. Mitschülers, s. o.

____________________ . Dabei stieß er auf Hausmeister ______________________________ ,
Nomen 5 ausländ. Nachname, s. o.

der den mutmaßlichen ________________________ mit einem ____________________
Nomen 4, s. o. Werkzeug

niederschlug.

Herr und Frau __________________________________ weigern sich bis heute, die Kosten
Nachname e. Mitschülers, s. o.

für den Notarzt sowie den unnötigen Polizeieinsatz zu tragen. Ich beantrage, dass

_________________________________ von künftigen Klassenfahrten ausgeschlossen wird.
Vorname e. Mitschülers, s. o.

gez.: Frau _________________________
Nachname e. Lehrerin

Hihihi

WORTVORRAT

Nomen 1 (Mehrzahl): ______________________

Nomen 2: (das) ______________________

Nomen 3: (der) ______________________

Zahl (größer 1): ______________________

Kleidungsstück 1 (Mehrzahl): ______________________

Verb 1: ______________________

Raum eines Hauses: (die) ______________________

Adjektiv: ______________________

Nomen 4: (der) ______________________

Süßigkeit: (der) ______________________

Material: ______________________

Verb 2: ______________________

#21

LIFEHACKS FÜR DEINE KLASSENFAHRT (AUS EINEM YOUTUBE-VIDEO)

Hallo, liebe ____________________ (Nomen 1) meines Kanals! Heute habe ich in der Reihe „Lifehacks, die dein ____________________ (Nomen 2) besser machen“ fünf Tipps für euch, damit euer Aufenthalt in der Jugendherberge nicht zum Albtraum wird:

1) Zimmerwahl: Benötigst du nicht viel ____________________ (Nomen 3), kannst du bedenkenlos in ein Zimmer mit ____________________ (Zahl) oder mehr Betten einziehen. Willst du morgens dagegen ausgeschlafen sein, versuche, ein ruhiges Einzel- oder Doppelzimmer zu kriegen.

2) Duschen: Unbedingt Bade-____________________ (Kleidungsstück) aus Gummi mitnehmen und beim Duschen tragen! Du weißt nicht, wer vorher hier drin war und was er getrieben hat.

3) Koch-Check: In vielen Herbergen ____________________ (Verb 1) sich die Schüler ihr eigenes Essen. Ist dies der Fall, überprüfe, wer in der ____________________ (Raum e. Hauses) steht! Ist er/sie ____________________ (Adjektiv), hat ____________________ (Nomen 4) unter den Fingernägeln oder ist sonst wie unappetitlich: Verzichte dankend auf sein/ihr Menü und nimm lediglich einen ____________________ (Süßigkeit) zum Abendessen.

4) WC-____________________ (Material): Immer eigenes ____________________ (Verb 2)! Man weiß nie, ob vor Ort welches vorhanden ist oder nicht.

WORTVORRAT

#22

Nachname eines Lehrers: ______________________

Verb 1: ______________________

öffentliches Gebäude: (das) ______________________

Verb 2: ______________________

Nomen: (der) ______________________

Fisch (Mehrzahl): ______________________

Verb 3: ______________________

Schulfach: ______________________

Verb 4: ______________________

Insekt 1 (Mehrzahl): ______________________

Tier (Mehrzahl): ______________________

Adjektiv: ______________________

Insekt 2 (Mehrzahl): ______________________

Snack (Mehrzahl): ______________________

#22

AUF FISCHER FRITZES SPUREN

Herr ____________________ hat eine coole Idee: Statt zum x-ten Mal
Nachname eines Lehrers

zum ________________ auf die Eisbahn zu fahren oder das dreitausendste
Verb 1

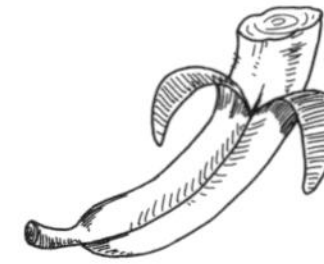

________________ zu besichtigen, schlägt er der 7c vor,
öffentl. Gebäude

beim nächsten Wandertag ________________ zu gehen. Ganz in der Nähe liegt
Verb 2

ein kleiner ________________ , in dem es haufenweise ________________
Nomen — Fisch

geben soll. Abends, so der Plan, könne man die gefangene Beute dann über dem

Feuer ________________ .
Verb 3

Vorher müssen die Schüler im ________________-Unterricht
Schulfach

Köder ________________ , künstliche ________________
Verb 4 — Insekt 1

oder ________________ , die man am Ende der Angelschnur befestigt,
Tier

damit die ________________ auch nach dem Haken schnappen.
Fisch, s. o.

Herr ________________ nimmt es genau: „Die Köder müssen
Nachname, s. o.

absolut ________________ aussehen“, betont er. „Sonst fangen wir nichts.“
Adjektiv

Endlich geht es an den ________________ . Es ist heiß, die Luft ist voller
Nomen, s. o.

________________ . Bald sind alle hoffnungslos zerstochen.
Insekt 2

Hinzu kommt, dass die ________________ die Köder offenbar nicht
Fisch, s. o.

sehr ________________ finden – kein einziger beißt an! Am Abend, als sich die
Adjektiv, s. o.

Klasse enttäuscht auf den Heimweg macht, spendiert Lehrer ________________
Nachname, s. o.

an der Imbissbude eine Runde ________________ – als Wiedergutmachung.
Snack

WORTVORRAT

#23

Adjektiv 1: ______________________

Gebäude: (die) ______________________

Verb 1: ______________________

Name einer Lehrerin: ______________________

Nomen 1: (das) ______________________

Verb 2: ______________________

Name eines Mitschülers 1: ______________________

Name einer Mitschülerin 1: ______________________

Süßigkeit (Mehrzahl): ______________________

Adjektiv 2: ______________________

Name einer Mitschülerin 2: ______________________

Name eines Mitschülers 2: ______________________

Möbelstück: (der) ______________________

Raum eines Hauses: ______________________

Nomen 2: (das) ______________________

#23

DER HORROR-TRIP

Vor der Abfahrt klang alles noch ganz ____________________ (Adjektiv 1) : eine Woche in einer Selbstversorger-____________________ (Gebäude) – selbst einkaufen, selbst ____________________ (Verb 1) , genau wie die Erwachsenen.

Auch bei der Ankunft ist Frau ____________________ (Name e. Lehrerin) noch guter Dinge. Doch dann sollen ein paar Schüler hinunter ins ____________________ (Nomen 1) und fürs Abendessen einkaufen. Natürlich will keiner so weit ____________________ (Verb 2) . Schließlich entscheidet das Los: ____________________ (Name e. Mitschülers 1) und ____________________ (Name e. Mitschülerin 1) bekommen von Frau ____________________ (Name e. Lehrerin, s. o.) etwas Geld und marschieren los. Als sie Stunden später zurückkommen, haben sie trotz des Einkaufszettels bloß ____________________ (Süßigkeit) und Gesichtswurst gekauft. Die Stimmung beim Abendessen ist ____________________ (Adjektiv 2) .

____________________ (Name e. Mitschülerin 2) und ____________________ (Name e. Mitschülers 2) werden ausgelost, den Abwasch zu erledigen. Murrend laden sie das Geschirr auf einen Roll-____________________ (Möbelstück) , schubsen ihn in Richtung ____________________ (Raum e. Hauses) – und prompt durch die offene Tür hinaus ins Treppenhaus! Mit einem Mords-____________________ (Nomen 2) donnert alles fünf Stockwerke hinunter.

Frau ____________________ (Name e. Lehrerin, s. o.) seufzt. Das verspricht eine lange Woche zu werden!

WORTVORRAT

#24

Name eines Mitschülers 1: ______________________

Name eines Mitschülers 2: ______________________

Nachname eines Lehrers: ______________________

Verb 1: ______________________

Tier 1: (der) ______________________

Kleidungsstück: (der) ______________________

Körperteil: (der) ______________________

Nomen: (die) ______________________

Adjektiv 1: ______________________

Zahl (größer 1): ______________________

Bauwerk: (die) ______________________

Name einer Mitschülerin: ______________________

Gefühl: (die) ______________________

Verb 2: ______________________

Tier 2: (der) ______________________

Adjektiv 2: ______________________

#24

WIE DIE AFFEN

__________ (Name e. Mitschülers 1) und __________ (Name e. Mitschülers 2) sind aufgeregt: Heute geht es in den Kletterpark! Als Sportlehrer __________ (Name e. Lehrers) erzählte, dort könne man zwischen hohen Bäumen auf dem Hochseil __________ (Verb 1) und sich von Ast zu Ast hangeln wie ein __________ (Tier 1), waren alle sofort begeistert. Als die Klasse ankommt, kriegt jeder Schüler einen __________ (Kleidungsstück) aus Hartplastik. Ohne geschützten __________ (Körperteil) darf keiner hinauf – logisch, schließlich soll sich niemand verletzen. Anschließend klettern alle eine steile Holz-__________ (Nomen) empor. Oben angekommen, wird den ersten Kindern __________ (Adjektiv 1) zumute: __________ (Zahl) Meter über dem Boden – ganz schön hoch! Über eine schwankende __________ (Bauwerk) aus Brettern und Seilen geht es höher und höher. __________ (Name e. Mitschülerin) bekommt es mit der __________ (Gefühl) zu tun und will zurück nach unten. Die anderen hangeln sich weiter. An gefährlichen Stellen müssen sie sich gegenseitig __________ (Verb 2). Als es am Abend nach Hause geht, haben __________ (Name e. Mitschülers 1, s. o.) und __________ (Name e. Mitschülers 2, s. o.) höllischen Muskel-__________ (Tier 2). Ein __________ (Tier 1, s. o.) zu sein, das begreifen sie jetzt, wäre ihnen viel zu __________ (Adjektiv 2)!

WORTVORRAT

#25

Nomen 1 (Mehrzahl): ______________________

Nomen 2: (die) ______________________

Zahl (größer 1): ______________________

Zeiteinheit (Mehrzahl): ______________________

Land: ______________________

Nomen 3 (Mehrzahl): ______________________

Verb: ______________________

Wassertier (Mehrzahl): ______________________

männl. Vorname: ______________________

Nomen 4: (das) ______________________

Gericht: (der) ______________________

Nomen 5: (das) ______________________

Krankheit: ______________________

#25

ELTERNABEND

Lehrerin: Liebe ____________ (Nomen 1) ! Ich freue mich, dass Sie so zahlreich zur Vorbesprechung der geplanten ____________ (Nomen 2) erschienen sind. In zwei Wochen reisen unsere fünften Klassen für ____________ (Zahl) ____________ (Zeiteinheit) nach ____________ (Land) . Haben Sie Fragen dazu?

Mutter 1: Muss ich mein Kind gegen ____________ (Nomen 3) impfen lassen?

Lehrerin: Nein, das ist nicht notwendig.

Vater 1: Auf dem Programm steht „ ____________ (Verb) im Meer“. Sind Vorkehrungen getroffen, damit keine ____________ (Wassertier) angreifen?

Lehrerin: In der betreffenden Gegend wurden noch nie …

Mutter 2: Was passiert, wenn meinem ____________ (männl. Vorname) das ____________ (Nomen 4) dort nicht schmeckt? Er isst nämlich nur hausgemachten ____________ (Gericht) und Pommes!

Lehrerin: Nun, dann muss er vielleicht ausnahmsweise …

Vater 2: Was, wenn Kidnapper die Schüler entführen, um Löse-____________ (Nomen 5) zu erpressen? Wie wird die Polizei vorgehen?

Lehrerin: Also, das kann ich beim besten Willen nicht …

Mutter 3: Und wenn im Gastland eine tödliche ____________ (Krankheit)-Epidemie ausbricht?

Lehrerin: Ich … ähh … Vielleicht sagen wir die ____________ (Nomen 2, s. o.) besser ab?

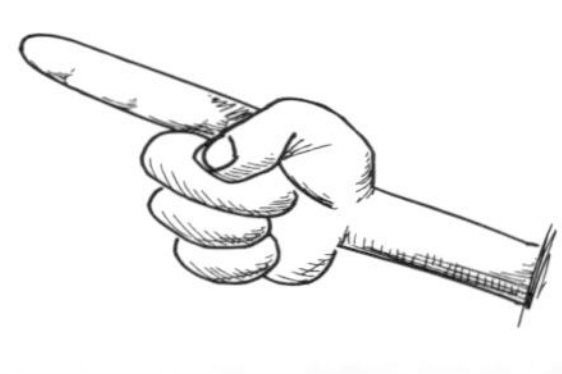

Das war's?

Schon alle Wortvorratslisten ausgefüllt, aber du willst den Spaß mit anderen, noch verrückteren Wörtern wiederholen?

WWW.VERRUECKTE-LUECKEN.DE

Hier findest du alle Wortvorratslisten. Einfach auf Download, ausdrucken und es heißt von Neuem:

AUSFÜLLEN – VORLESEN – ABLACHEN

VERRÜCKTE LÜCKEN

AUSFÜLLEN – VORLESEN – ABLACHEN

VERRÜCKTE LÜCKEN ist ein durchgedrehtes, ganz und gar unsinniges Textspiel, das man allein oder zusammen mit Freunden spielen kann.

DU BRAUCHST NOCH MEHR ABGEDREHTE GESCHICHTEN?

KEIN PROBLEM!

ISBN: 978-3-7432-0152-1

ISBN: 978-3-7432-0153-8

ISBN: 978-3-7432-0154-5

ISBN: 978-3-7432-0155-2

ISBN: 978-3-7432-0156-9

ISBN: 978-3-7432-0157-6

ISBN: 978-3-7432-0158-3

Loewe

Das will ich lesen!

FSC
www.fsc.org
MIX
Papier aus verantwortungsvollen Quellen
FSC® C109273

ISBN 978-3-7432-0159-0
1. Auflage 2019

Texte von Jens Schumacher
Lektorat: Steffi Korda, Hamburg
Umschlag- und Innenillustrationen: Michael Ludwig Dietrich
Umschlagfoto: © shutterstock.com – Bildnr.: 450428557 – Urheber: Sunny studio
Umschlaggestaltung: Michael Ludwig Dietrich
Printed in the EU

WWW.LOEWE-VERLAG.DE